NOTICE BIOGRAPHIQUE

SUR

LÉON OLPHE-GALLIARD

ORNITHOLOGISTE

Membre de la Société d'Études des Hautes-Alpes ,

PAR

David MARTIN

Conservateur du Musée de Gap.

GAP

E. JOUGLARD, IMPRIMEUR DE LA SOCIÉTÉ D'ÉTUDES

1893

NOTICE BIOGRAPHIQUE

SUR

LÉON OLPHE-GALLIARD

Ornithologiste.

———⋈———

Extrait du *Bulletin de la Société d'Études* n° 6, 2e série

NOTICE BIOGRAPHIQUE

SUR

LÉON · OLPHE - GALLIARD

Ornithologiste

Le 2 février 1893, s'éteignait à Hendaye (Basses-Pyré-
nées), un de nos excellents collègues de la *Société d'Études des Hautes-Alpes*, M. Léon Olphe-Galliard qui a légué,
par un acte testamentaire, que nous possédons, du 20
juillet 1891, ses riches collections scientifiques et sa bibliothèque au département des Hautes-Alpes.

Il y a dans cette donation un sentiment de touchante
générosité et de piété filiale à l'égard du pays de ses
aïeux. Car la famille Olphe-Galliard est originaire des
Hautes-Alpes. Ce fut, en effet, vers 1740 que l'arrière
grand'père de M. Léon Olphe-Galliard quitta La Bâtie-
Neuve (hameau des Brès) pour aller fonder à Lyon une
maison de commerce. Mais vers le XIIe siècle divers mem-
bres de cette famille, désignés sous le nom de Olphi ou de
Olphe, dit Galliard, ont rempli dans l'administration de la
cité gapençaise des fonctions honorables ainsi que cela
résulte de documents conservés aux archives départemen-
tales.

----

¹ Nous remercions M. Nicollet de l'aimable concours qu'il nous a prêté
pour la rédaction de cette note.

Victor-Aimé-Léon Olphe-Galliard naquit à Lyon le 27 octobre 1825. Il était fils unique et ses parents l'entourèrent d'une sollicitude dont il garda toujours un souvenir attendri.

Le jeune Léon, d'une nature douce et réfléchie, montra, dès ses premières études, d'heureuses dispositions. A l'âge de.cinq ans il trouvait son principal amusement dans la lecture des livres qu'on mettait à sa disposition.

Ce fut dans ses premières années qu'il éprouva dans les lectures, les conversations, les promenades, un penchant très marqué pour tout ce qui avait rapport à l'histoire naturelle.

Sans doute l'étude de la nature, « avec la nature, et par la nature », suivant le précepte de Rousseau, peut bien exciter la sensibilité et produire une âme contemplative ; mais il y a loin, de cette admiration vague et si souvent inconsciente du sauvage que rêvait l'auteur de l'Emile, à cette observation nette et définie du savant qui a appris à voir, à comparer et à déduire, qui est le fruit de l'expérience des siècles passés et qui ne s'acquiert que par des études sérieuses et sous la direction de maîtres habiles.

Léon Olphe-Galliard eut la bonne fortune de trouver, parmi la société distinguée qui fréquentait le château de la Vourles, où son père allait passer chaque année la belle saison, son grand oncle, M. Duclaux, peintre d'un talent supérieur qui éveilla dans son petit neveu le sentiment du beau et le sens artistique.

Les premières études de Léon avaient été dirigées, de 1833 à 1837, par des précepteurs. Il suivit ensuite, en qualité d'externe, les cours du collège Royal. Dans ses études au collège il fit preuve de remarquables aptitudes à l'étude des langues vivantes ; et ce goût ne fit que se développer dans la suite puisque l'anglais, l'allemand, l'espagnol lui étaient devenus familiers et qu'il traduisait le russe, l'islandais et la plupart des langues du nord.

Toutefois il ne négligea pas ses études préférées ; et l'application qu'il apportait à la physique et à la botanique lui faisait souvent oublier les autres parties du programme qu'il considérait comme inférieures. Mais les tendances à spécialiser ses études le mirent souvent en butte aux plaisanteries, aux reproches de ses camarades et de plusieurs personnes qui l'entouraient et qui appréciant peu l'étude des sciences naturelles, la comprenaient encore moins chez un enfant.

Léon ne se laissa pas décourager par ces déboires. Ce fut même à cette époque que sa vocation scientifique se dessina nettement. Jusqu'alors, il avait hésité entre la botanique, l'entomologie et les autres branches de l'histoire naturelle ; il se décida pour l'ornithologie qu'il considérait comme une science plus facile à étudier et à approfondir, et il commença sa collection d'oiseaux dans la belle résidence de Montcorin près d'Irigny que son père avait achetée en 1837. Il chassait dans les bois faisant partie de la propriété et rapportait dans sa chambre le produit de sa chasse, qu'il préparait pendant la nuit pour n'être pas dérangédans ce travail délicat.

De bonne heure il se créa des amitiés et des relations.

En 1843, il se lia avec l'abbé Thibaudier qui devint plus tard évêque de Soissons puis archevêque de Cambrai ; ils suivirent ensemble les cours du collège et restèrent depuis en relations suivies que la mort seule interrompit.

En 1844, il fit la connaissance de M. Mulsant avec lequel il fit, l'année suivante, un voyage accidenté dans le midi. M. Mulsant sembla vouloir le détourner de l'étude qu'il avait entreprise ; cependant, bien qu'il fût toujours parcimonieux d'encouragements, il lui donna d'utiles conseils et lui imprima une bonne direction.

M. Mulsant le fit entrer, en 1846, à la Société Linnéenne et lui proposa d'écrire en collaboration une histoire des oiseaux de France, mais cette offre fut repoussée.

La même année, Olphe-Galliard entra en relations avec l'ornithologiste Caire, curé de Puymoissons (Basses-Alpes), qui, ayant entendu parler de lui, désirait faire sa connaissance. Le jeune naturaliste lyonnais en conçut une grande joie et éprouva le plus vif plaisir à s'entretenir de ses études favorites avec un amateur aussi passionné et aussi savant.

Cependant son père concevant quelques inquiétudes de

le voir négliger ses études classiques pour celles de l'histoire naturelle qu'il considérait comme accessoires, fit avec lui deux séjours à Paris, pensant que son fils y trouverait une meilleure préparation aux examens. Léon fut reçu bachelier ès lettre en 1847. Mais les grandes villes, Paris surtout, lui causaient une répulsion profonde; aussi revint-il avec bonheur à Montcorin, « heureux, — suivant ses propres paroles — d'aller retrouver les bosquets et les prairies qui lui retraçaient en petit les grands spectacles de la nature ».

A son retour, il choisit la carrière de la médecine, comme étant la plus conforme à ses études de prédilection. Mais l'année suivante, les troubles politiques qui éclatèrent avec tant de violence à Lyon, obligèrent sa famille, comme tant de familles lyonnaises, à aller laisser passer l'orage à Genève. Les interruptions de ses études médicales ,par suite de ces différents voyages, le découragèrent et le décidèrent à les abandonner.

En 1851, il revit la Suisse où la santé de sa mère l'obligeait à faire une cure. Il profita de ce séjour pour étendre ses investigations, composa un herbier des plantes de ce pays et y découvrit une nouvelle espèce d'oiseau, l'*Erithacus Moussieri*.

En 1853 il commença un catalogue dans le genre du « *Conspectus générum avium* » qu'il ne termina qu'en 1885, et qu'il a conservé en manuscrit. En 1855 il publiait dans la *Naumania* le catalogue des oiseaux du Rhône ainsi que plusieurs mémoires. Ainsi il prenait rang déjà parmi les ornithologistes distingués; ses relations scientifiques s'étaient étendues, sa collection s'était notablement augmentée et sa bibliothèque s'enrichissait de livres fort rares.

Olphe-Galliard prit part en 1856, au congrès ornithologique de Cothen, en Allemagne. Depuis longtemps il désirait faire la connaissance de ce peuple chez lequel les sciences naturelles étaient prospères et qui, à cette époque, était plein de prévenances à l'égard de ses voisins. Le jeune ornithologiste n'eut, en effet, qu'à se louer des égards dont il fut l'objet de la part des savants de ce pays, parmi lesquels se trouvaient le docteur Baldamus et le pasteur Brehm. Il y retrouva aussi un compatriote, le jeune prince Lucien Bonaparte qui lui fit grand éloge sur ses découvertes.

A la suite de ce congrès il entreprit une vaste bibliographie ornithologique terminée en 1865.

C'était un travailleur infatigable : en quelques années il avait parcouru tous les ouvrages formant les bibliothèques de la société d'Agriculture, de la société Linnéenne, de l'Académie de Lyon, du Palais des arts et du Palais St-Pierre ; il avait classé et catalogué lui même les ouvrages d'histoire naturelle de la ville de Lyon. Il traduisit les œuvres de Lemkart, mais les détruisit dans la suite ayant renoncé à faire imprimer cette traduction.

En 1857, son père vendit la propriété de Montcorin, et lui proposa, puisque son plaisir était de rester à la campagne, de se fixer sur la frontière espagnole sur les bords de la Bidassoa ; il se figurait ce pays comme ne le cédant en rien à l'Espagne, au point de vue de la faune et de la flore, et il aurait espéré y trouver lui-même avec un climat doux, un peuple qui, tout en ayant la vivacité de nos voisins, conservait cependant toutes les qualités du peuple français. Mais il hésita à s'établir aussi loin de Lyon et du cercle de ses connaissances et acheta une propriété en Suisse près de Bâle.

Ainsi plusieurs années se passèrent entre ces deux résidences de Lyon et de la Suisse où chaque année Léon venait passer l'été s'occupant de photographie et de recherches scientifiques surtout sous le rapport ornithologique. Ses collections s'augmentèrent de nombreux sujets qu'il rapportait de ses courses dans les montagnes.

Il fut admis, en 1862, à faire partie de la société Helvétique des sciences naturelles. L'année précédente le Directeur du parc de la Tête-d'Or lui avait proposé de constituer un nouveau musée de la ville à la tête duquel il serait placé ; mais sa modestie, — qualité qu'il avait à un rare degré — lui fit refuser cette offre.

Il perdit son père l'année même où il se maria (1864). A

8

la suite de ces deux événements, il retourna s'établir en Suisse, où il demeura jusqu'en 1876.

Quand il eut achevé sa grande *Bibliographie ornithologique*, il songea à la publier. La société Linnéenne lui avait donné les éloges les plus flatteurs et ne lui ménageait pas les encouragements ; M. Mulsant disait nettement : « C'est un ouvrage qui manque, et qui mérite d'être publié ». Olphe-Galliard envoya son manuscrit, en 1867, à M. Engelmann, éditeur de la *Bibliothéca zoologica*. Mais comme celui-ci avait fait paraître lui-même une semblable bibliographie, — moins complète même, car elle s'arrêtait à 1860, tandis que celle d'Olphe-Galliard allait jusqu'en 1865, — il refusa de se charger de l'édition et retourna le manuscrit à l'auteur, qui, après des démarches infructueuses auprès de divers éditeurs, renonça, pour le moment, à le publier et le fit relier en 15 volumes pour le conserver tel quel. Il augmenta plus tard son travail d'une foule de détails intéressants, sur une observation de M. Deyrolle éditeur, qui l'avait trouvé trop scientifique et d'une lecture trop aride pour le gros public.

Son cousin, M. Testenoire, qui avait à Lyon de nombreuses et influentes relations, lui ayant proposé, en 1872, de le faire nommer conservateur du Muséum d'histoire naturelle, il déclina cet honneur.

Malgré les relations cordiales et intimes qu'il avait nouées en Suisse, notamment avec M. Reichlen, il quittait en 1876 ce pays, dont il ne goûtait guère, d'ailleurs, les institutions. A cette époque, mettant à exécution son projet d'aller s'établir sur les bords de l'Océan, il se dirigea vers Angoulème où il s'éjourna trois ans; puis en 1882, il se fixa définitivement à Hendaye, près de la frontière espagnole. Dans ses nombreux voyages, il avait remarqué cette rade pittoresque, en toute saison rendez-vous d'une grande variété d'oiseaux. C'est donc pour compléter et enrichir sa collection ornithologique qu'il y fixa sa résidence.

Non seulement il entretenait correspondance avec un grand nombre de naturalistes, mais il reçut à Hendaye la visite de plusieurs d'entre eux. En reconnaissance de l'accueil bienveillant qu'il avait reçu de Ludwig Brehm, il le fit recevoir de la société Linnéenne, et, après sa mort, publia sa correspondance.

C'est pendant ces dernières années, passées à Hendaye, qu'il publia son ouvrage intitulé *Contributions à la faune ornithologique de l'Europe occidentale*[1].

L'excès de travail que lui causa cette considérable entreprise altéra sa santé.

C'est alors que la crainte de laisser après lui une collection que sa famille eût été dans l'imposibilité d'entretenir et la douleur que le fruit de tant de labeurs serait peut-être dispersé et anéanti, lui firent concevoir la pensée de transmettre sa collection et sa bibliothèque au département d'où sa famille était originaire.

Cette collection comprend, outre une riche bibliothèque, des échantillons de chaque règne et de chaque classe, et notamment plus de 6.000 oiseaux, dont plusieurs des espèces les plus rares.

Il a publié les ouvrages suivants : — *Quelques remarques sur les règles de la nomenclature zoologique*, Bulle, 1871. — *Contributions à la faune ornithologique de l'Europe occidentale ;* 40 fascicules publiées séparément jusqu'en 1892. — *Sur l'utilité des oiseaux*, Gap. 1890. — *Faune des vertébrés du Turquestan*, (traduit du russe) de Severtzoff ; Budapest, 1888. — *Jonas Hollgrimsson*, sa vie, ses œuvres, Copenhague, 1890. — *Catalogue des oiseaux des environs de Lyon.* Lyon, 1891. — *Lettres de Christian Ludwig Brehm*, Vienne, 1892 — En outre il a laissé un grand nombre de manuscrits, formant une cinquantaine de volumes ou cartons.

Après avoir fait connaître le savant, disons un mot de l'homme. La pensée généreuse qui, au moment de mourir lui a fait tourner les yeux vers ce département d'où sa famille était originaire, nous prouve surabondamment sa

---

[1] Un compte-rendu de ce travail a été donné dans le *Bulletin ae la Société d'Études* en 1891 (p. 215).

bonté, son culte pour les ancêtres, pour le sol natal, pour la patrie enfin. Toute sa vie est celle d'un homme de bien, sincèrement attaché à sa religion. Ses entretiens intimes roulaient sans cesse sur la nature, sur l'Auteur de toutes choses, sur les rapports de l'âme avec le corps. Le passage suivant du cours élémentaire d'histoire naturelle de M. Mulsant, qu'il avait fait imprimer en gros caractères et afficher à la porte de sa collection, montre à quelles hautes pensées l'avait élevé l'étude de la nature. « De toutes les sciences, elle (l'Histoire naturelle) est l'une des plus attrayantes, elle est surtout l'une des plus capables d'élever nos pensées vers le Souverain Auteur de toutes choses, car si les cieux racontent sa gloire, la terre publie sa toute puissance, sa sagesse et sa bonté. A la vue du spectacle harmonieux qui s'offre à ses yeux, l'homme se sent entraîné par un charme souvent irrésistible à en étudier les merveilles ; il ne peut faire un pas dans ce champ de découvertes sans reconnaître son néant et la grandeur infinie de Dieu, et chaque observation lui offre un motif nouveau de le bénir et de l'aimer ».

Atteint depuis plusieurs années d'une cruelle maladie, après de grandes souffrances, il s'est éteint doucement le 2 février, avec une résignation admirable.

Ces dernières années ne furent pas sans amertumes. Il était attristé, — chagrin de naturaliste, — en voyant que tous les oiseaux qui, jadis fréquentaient la rade d'Hendaye, avaient déserté ces parages. Jetant un coup d'œil sur sa vie, il se demandait avec inquiétude si une existence consacrée tout entière à faire des collections et à étudier la nature, était assez bien employée. Ces collections, d'ailleurs, qu'allaient-elles devenir ? Bien des solutions se présentaient à son esprit ; mais renonçant à en faire profiter les riches muséums des grandes villes, il a préféré les donner à notre département, avec cet espoir qu'elles pourraient être utiles et profitables à la jeunesse de nos écoles, et que leur visite contribuerait à nourrir et à développer chez nos compatriotes le goût de l'étude et des choses intellectuelles.

C'est avec une vive satisfaction et une profonde reconnaissance pour M. Olphe-Galliard que, les hommes studieux et éclairés, les sincères amis de nos Alpes ont appris le legs généreux qui permettra à notre département, — l'unique peut-être qui n'a pas de musée, — d'en avoir un aussi varié qu'intéressant.

Gap, 1er mai 1893.

David MARTIN.

www.ingramcontent.com/pod-product-compliance
Ingram Content Group UK Ltd.
Pitfield, Milton Keynes, MK11 3LW, UK
UKHW020959230726
13924UKWH00009B/141